아흔아홉 개의 달과 아흔아홉 번의 겨울

박제영 시집

아흔아홉 개의 달과 아흔아홉 번의 겨울

달아실시선
99

달아실

보조 용언과 합성 명사의 띄어쓰기 등 본문의 맞춤법은 시인의 의도에 따른 것임.

시인의 말

이자를 논하려니 참 고약하다.
아니
이 고약한 작자를 논하려니 곤혹스럽다.
이자는 야매로 시를 익힌 자로
지난 수십 년 동안 시인詩人의 가면을 쓰고, 시민詩民들의 눈과 귀 그리고 입을 조종하여 자신을 지상에 유배된 천사로 믿게 하였고,
위변조한 어음語音을 다량 유포하였으며,
훔친 말로 제조한 가짜 시詩를 선량한 시민들에게 만병통치약인 양 속여 고액에 팔아온 자이다.
지난 수십 년 동안 이자가 유통시킨 부도 어음으로 수백 명의 영혼이 파산하였으며,
이자의 약을 복용한 수백 명의 영혼이 길을 잃기도 했다.
이 악질 사기범이 최근에는 야매로 익힌 기술로 문장 수선소를 떡하니 차려서는
시인 작가 시민 독자들의 눈과 귀를 홀리고 있으니
당국에서는 속히 공개 수배하여 이자를 잡아 가두기 바란다.

2025년 시월에
박제영

차례

아흔아홉 개의 달과 아흔아홉 번의 겨울

시인의 말　5

들어가는 詩
나의 시인에게　10

1부. 사랑과 이별에 관한 포에트리 슬램, 부에노스아이레스 탱고를 위한 서곡

베고니아　12
뚱딴지꽃　13
배롱나무 그늘에 앉아　14
화진　16
복수초　18
탱자 같은 눈이 내려서　19
프리지어　20
해는 간절곶에서 떠올라 카보 다 호카에서 진다네　22
사랑과 이별에 관한 포에트리 슬램, 부에노스아이레스 탱고를 위한 서곡　24
백년의 오지, 백년의 미로　26
사랑에 관한 먹먹하고 막막한 색의 번짐
— 시인 강기원　27
사랑학개론　28
신은 생식의 기관으로 만들었으나 시인은 연애와 이별의 기표로 만들었으니 꽃은 어느 편에 설 것인가 당신이라면 어디로 기울 텐가　30
에프엠 구백구십구점구 사랑은 거짓말이야　32

만항　34
그믐　35
사랑은 끝말잇기와 같아서　36
꽃들의 사정, 늙은 시인에게　38

2부. 검은 눈에 물든다는 건 시에 물드는 일
박정대 사용 설명서 혹은 여행 안내서　40
검은 눈에 물든다는 건 시에 물드는 일　42
1923년 12월 11일 파리 몽파르나스에 처음 문을 연 카페 〈르 셀렉트〉에서 서른네 살의 장 콕토와 스무 살의 레옹 라디게는 무슨 말을 했나　43
무가당 담배 클럽 동인이자 인터내셔널 포에트리 급진 오랑캐 밴드 멤버이자 율란통신 에스프리 편집장 무사 강돌이자 영화감독 오랑캐 이 강이기도 한 그러나 끝내 시인인 박정대 형에게　45

3부. 햄버거와 황지우를 빙자한 시적 사기술
오, 마이 캡틴! 오, 마이 탁번!　62
애기동백, 붙박이별 그리고 려족旅族들　66
아무도 별을 헤지 않는다　68
박용하는 서럽다　69
내 시는 진이정의 각주에 불과했다　70
매혹이란 그런 것이다　73

기담, 기담을 읽어요, 기담 식으로요　74
문장수선공 k　78
숫　80
시인 최승호와 숫　81
눈사람 자살 사건의 재구성　82
햄버거와 황지우를 빙자한 시적 사기술　84
쉰아홉의 쟈니가 스물아홉의 쟈니에게　88
숲 해설사, 한 잎의 여자를 모르는 남자　90
어깨너머　92
뭄, 빨간 원피스를 입은 까롤린　94

4부. 마이크 타이슨을 위한 마이크 테스트 하나 둘 셋
창졸지간 새 된 얘기　96
〈무릇 형상 있는 것은 모두 허망한 것이니, 만약 모든 형상이 형상이 아님을 보면 곧 여래를 볼 것〉이라는 부처의 말씀을 야부 스님은 〈산은 산이요 물은 물이로다 부처님은 어느 곳에 계시는가〉라는 시로 풀어냈다 훗날 이를 성철 스님이 인용하셨으나 알아들은 이 없어 내 다시 시로 풀어보는 것이나 이 또한 알아들을 이 누가 있을지 모를 일이다　98
원숭이 똥구멍이 빨간 거니　100
차마고도　103

나는 개새끼로소이다 104
마이크 타이슨을 위한 마이크 테스트 하나 둘 셋 106
사는 게 뭐냐고 묻는다면 눈이 그쳤다고 얘기할 수밖에 111
어디선가 누군가에 무슨 일이 생기면 틀림없이 나타나는
춘배 옵빠를 위한 남녀 혼성 울트라 짬뽕 뽕짝 트로트 112
정태순 씨 114
장사익 116
수세미 120
아욱국 122

나가는 詩
나의 시인들에게 123

발문 _ 박정대
시인, 온 언어로 사랑을 추구하는 자
아름다운 그믐의 언어를 사용하는 자 125

엔딩 크레딧
아흔아홉의 천사들 132

들어가는 詩

나의 시인에게

한 페이지를 읽는데
천년이 걸리는 사람이 있다

천년을 기다리며 당신을 읽고 있다

천년을 건너오고 있는 당신,
천년을 걸어오고 있는 당신,

천신만고로 이제야 겨우,
당신의 첫 페이지를 넘긴다

1부

사랑과 이별에 관한 포에트리 슬램,
부에노스아이레스 탱고를 위한 서곡

베고니아

어디에나 있지만 어디에도 없는
만 개의 이름과 만 개의 얼굴을 지녔지만
한 개의 얼굴도 기억하지 못하는 꽃

말하자면 당신

한 걸음 다가가면 한 걸음 멀어지는
나 잡아봐라 나 잡아봐라
썰물과 밀물처럼 끝이 보이지 않는 술래잡기

당신이라는 꽃

만 개의 색을 가진 무지개였나
만 개의 꼬리를 지닌 여우였나
고장 난 시계에 갇힌 뻐꾸기였나

말하자면 텅 빈 우리
텅 빈 우리라는 모순

뚱딴지꽃

시를 예술을 뭐라고 생각해?
똥
장난치지 말고 진지하게 대답해줘
진지하게 똥
카타르시스란 얘기구나
아니 그냥 똥

애인은 매우 실망한 표정으로 떠나고
그는 매우 참았던 똥을 누러 갔다

똥 누는 내내
애인을 생각했다
샛노란
뚱딴지꽃 같은 애인을

배롱나무 그늘에 앉아

서라벌의 왕을 살렸다는
천년 묵은 연못 사출지書出池
배롱나무 그늘에 앉아
백제의 석공 아사달과 아사녀를 떠올리네

천 년을 살았다지만
천 년 내내 한 꽃만 피었겠냐고
백 일 붉은 꽃 피었다 진 자리
곰비임비 다른 꽃 들어서길 천 년이니
나무의 천 년이 아니라
꽃의 붉은 백 일을 기억하라던

먼 훗날 배롱나무가 되어 무수히 꽃 핀들
오늘 피었던 이 붉은 꽃 같기야 하겠냐던

백 일 붉었던 인연이 무영무영 지고 말 줄은
그때는 미처 몰랐으니

이제라도

배롱나무 그늘 아래서 천년쯤 잠들겠네

화진

폭우가 그쳤다고 음악이 끝났다고
불을 끄고 문을 닫아버린
당신은 이제 세상에 없는 문장입니까?

표류하던 질문이 기진맥진 와닿은
정어리 떼처럼 몰려온 파도가 진저리치는
여기는 화진입니다

주어도 목적어도 상실한 불구의 문장들 하얗게 부서지고
의미를 잃은 단어들마저 모두 파랗게 부서지고
간신히 화진마저 잊을 무렵이면
마침내 완전히 지울 겁니다

보세요,
눈 내리는 화진을
진창이 되어버린 비문을 덮으며
자진한 꽃들을 덮으며
펄펄 마침표를 찍는
저 화진을

마침내 이별은 완성되었습니다

복수초

캄캄한 동토의 지하 감옥에 갇힌 것은
나입니까 당신입니까
내가 당신을 가둔 건지 당신이 나를 가둔 건지
모르겠습니다
무저갱을 뚫고 마침내 올라왔는데
내 목을 자르고 있는 사람이
왜 하필 당신입니까
내 목이 잘렸는데
왜 당신 목에서 피가 흐릅니까
그렇다면
복수는 당신입니까 아니면 나일까요
나와 너는 언제 단수에서 복수가 되었습니까
나는 꽃입니까 아니면
당신이 꽃입니까
우리는 한통속이 되어 누구에게
복수를 해야 합니까

탱자 같은 눈이 내려서

탱자 같은 눈이 내려서
하루 종일 탱자 탱자 내려서
옛 애인들을 떠올리네
생각하면 옛 애인들은 모두 탱자였네
출구가 막힌 가시울타리 속에서
위리안치를 사랑이라 우격다짐하며
탱자탱자 서로를 찔러대던
먹을 수도 없고 버릴 수도 없었던
탱자 탱자 썩어 문드러지도록
썩어 문드러져서야 흰 꽃잎 하나 벙글어졌던
생각하면 옛 애인들은 모두 탱자였네
탱자꽃 같은 눈이 내리네
옛 애인들이 탱자 탱자 내리네

프리지어

이것은 프리지어가 아니다
라는 말은
이것은 파이프가 아니다
에서 시작되었음은 너무도 자명한 일

인제의 자작나무 숲
아니면
먼 북쪽의 아오지 탄광
아니면 국경 너머 더 먼 북쪽
우라지오 가까운 항구

당신의 부재는 어디서 시작되었을까요

매지구름이 몰려옵니다
곧 시커먼 비를 뿌릴 테지요

당신의 부재를 통과하지 못한
잎들은 시들고
시든 잎들은 진창을 뒹굽니다

이것을 뭐라 표현할 수 있을지
아직 나는 모릅니다

애오라지 당신의 부재를 견디면서
마침내 프리하게 프리해질 겁니다

프리하게 프리하게 만개한다면
어쩌면 당신의 부재를 완성할지도 모를 테지요
이것은 시작에 불과합니다

당신의 부재는 이제 겨우
천 년밖에 되지 않았습니다

해는 간절곶에서 떠올라
카보 다 호카에서 진다네

간절곶에서 애인에게 시를 읊어주었지
"그리하여 여기, 바다가 끝나고 땅이 시작되도다"

애인은 멋진 시라며 모래사장에서 플라멩코를 추기 시작했지
순진한 그녀에게 차마 고백하지 않을 수 없었어
미안해 실은 표절한 거야
춤을 멈춘 애인은 슬픈 표정을 지었지만
그의 고백은 멈추지 않았어
리스본에서 서쪽으로 계속 가다보면
카보 다 호카라는 바다와 맞닿은 땅끝을 만나게 되지
그 곳에 가면 커다란 돌탑에 이런 문구가 새겨져 있어
"여기 땅이 끝나고, 바다가 시작되도다"
루이스 카몽이스가 쓴 시의 한 구절이야
실망한 애인은 끝내 그를 버렸지

그땐 몰랐어
애인들은 왜 표절을 용서하지 않는 건지
사랑은 왜 표절해서는 안 되는 건지

그땐 몰랐어
간절곶에서 시작된 사랑은
카보 다 호카에서 몰락한다는 것을

사랑과 이별에 관한 포에트리 슬램, 부에노스아이레스 탱고를 위한 서곡

내가 오는 동안
너는 갔구나
네가 가는 동안
나는 왔구나
오는과 가는
사이에서
오도 가도 못 하는 동안
갔구나와 왔구나
사이는 점점 더 벌어져
마침내 멀어졌구나
멀어진 것들이
오도 가도 못 하는
동안을
누구는 밀물과 썰물이라 부르고
누구는 자전과 공전이라 부르네
허무하고
맹랑하고
맥락 없는
언어의 시소게임을

무게 중심이 사라진 문장을
당신이 시라고 소리 내어 읽는 동안
나 잡아봐라
영구 없다
며
나는 게 눈 감추듯
사라질 테다

백년의 오지, 백년의 미로

카트만두를 여행하는 것과
카트만두를 사는 일이
다르다는 것을
조금씩 깨닫고 있습니다
수십 년을 살았지만
밑도 끝도 모를
당신이라는 오지를 살아내면서
당신이라는 미로를 살아내면서
아직도 우리는
서로의 중심에 닿지 못했으니
서로의 극점을 찾지 못했으니
어쩌면 우리는
영원히 닿지 못할
서로의 오지를 살고 있다는 것을
서로의 미로를 살고 있다는 것을
이제야 조금씩 깨닫고 있습니다
영원히 닿지 못해도 좋을
백년의 오지, 백년의 미로를 함께 살아내는 것
우리가 백년을 해로하는 방식일 겁니다

사랑에 관한 먹먹하고 막막한 색의 번짐
— 시인 강기원

여자가 말하길,
타자와 관련해서 사랑은 신비하지 않아?
나와는 완전히 다른 타자를 만나 매혹에 빠지고,
타자의 초록빛에 물들고,
영원할 것 같은 사랑도 마침내 아픈 이별을 맞이하겠지만,
사랑을 통해 비로소 나와 타자가 화해를 하는 거야
남자는 긍정도 부정도 하지 않았다
여자가 두고 간 시집을 뒤적거리던 남자는
곤이젓처럼 절이고 삭힌,
먹먹하고 막막한,
어떤 빽빽한 사랑을 떠올렸다
그러고는 지독한 허기가
파도처럼 밀려왔다

사랑학개론

제1강. 알리바이

사랑은 오해에서 비롯되어 더 큰 오해를 짓는 것이니
오해를 풀기 위해 기꺼이 이별을 한다
사람은 가고 사랑의 헌신짝 하나만 남았으니
사랑을 추적할수록 드러나는 것은
사랑은 이별의 알리바이라는 사실뿐이다

제2강. 생리화학

사랑은 화성학도 물리학도 아니다
사랑은 윤리학도 기하학도 아니다
사랑은 몸살을 앓는 것이다
내 몸과 네 몸의 살이 발효하든가 부패하는 것이다
미량의 독소가 만들어내는 이독제독의 생리화학에 속한다

제3강. 사랑은 없다

눈이 부시게 캄캄한 정오였다는
많이 아팠고, 많이 행복했고, 간간이 불행했다는
삼킬 수도 없고 뱉을 수도 없었다는
강기원의 고백이야말로 사랑에 가장 근접했다
사랑은 증상은 있는데 실체가 없는 병이다

제4강. 사랑은 있다

모든 노래는 사랑에서 발원하였다는
화목난로에 물이 끓는 동안 사랑은 다녀갔다는
박정대의 전언은 예언에 가깝다
사랑은 언제나 없지만 사랑은 언제나 있다
모순 속에서 오리무중으로 사랑은 있다

신은 생식의 기관으로 만들었으나 시인은 연애와 이별의 기표로 만들었으니 꽃은 어느 편에 설 것인가 당신이라면 어디로 기울 텐가

  오키프는 꽃이 아니라 여성의 생식기를 그렸다며
  미술평론가들은 포르노그래피라고 소문을 퍼뜨렸지

  나는 단지 내가 본 꽃을 그릴 뿐이다
  오키프의 말은 끝내 무시되었지

  낮에는 스티글리츠의 누드모델이었고, 밤에는 정부情婦였다며
  호사가들은 천박한 요부妖婦라고 입방아를 찧었지

  나는 단지 그의 사진을 사랑하고 그를 사랑했다
  오키프의 말은 끝내 무시되었지

  자신의 그림 〈흰독말풀〉이 소더비 경매에서 500억 원에 낙찰됐지만,
  오키프는 전혀 기뻐하지 않았어

백 번째 생일을 앞둔 1986년 어느 봄날, 오키프는 영원히 눈을 감았지
 내가 평생 그렸던 풍경으로 나를 돌려보내달라는 게 마지막 유언이었어

 오키프의 유골은 뉴멕시코 세로 페더널산 정상에서 한 줌의 재로 뿌려졌지만,
 오키프의 꽃은 여전히 풀리지 않는 수수께끼로 남았지

에프엠 구백구십구점구 사랑은 거짓말이야

이름을 불러 주기 전에는 그는 다만 하나의 몸짓에 지나지 않았다*
라는 거짓말,
추자가 그랬지
이름을 불러 주기 전까지는 잘 살고 있었다고

네가 네 시에 온다면 나는 세 시부터 행복해지기 시작할 거야**
라는 빨간 거짓말,
추자가 그랬잖아
네가 네 시에 온다니까 세 시부터 죽어가기 시작하더라고

자세히 보아야 예쁘다 오래 보아야 사랑스럽다 너도 그렇다***
라는 새빨간 거짓말,
추자가 그랬다니깐
자세히 보니 추하다 오래 보았더니 지겹다 헤어지더라고

거짓말이야 사랑도 거짓말 웃음도 거짓말****

추자의 노래가 흐르는 에프엠 구백구십구점구
거짓말이야 거짓말이야 거짓말이야
여기는 에프엠 구백구십구점구 사랑은 거짓말이야

* 김춘수 ** 생텍쥐페리 *** 나태주 **** 김추자

만항

당신을 잃고
천삼백삼십 날 꼬박
지독한 열병을 앓았지
정선에 와서 알았지
아라리를 앓았다는 것을

당신을 잃고
해발 1,330미터 만항에 올랐네
고향을 잃은 사람들이 만 개의 아라리를 적어
만 개의 풍등을 띄워 보낸 항구라지
만 개의 이별이 피워낸 아라리라지
열꽃들 만개한 만항에 올랐네

당신을 천삼백삼십 번 잃겠네
그때마다 아라리를 앓겠지만
그때마다 만항에 오르겠네
천삼백삼십 개의 풍등을 띄워 보낸다면
마침내 당신에게 닿을지 모르겠네

그믐

쌀을 안치는 저 오래된 애인이
오늘 처음 만난 이국의 여자였으면 좋겠다
아무도 모르는 저 오랑캐 여자와
아무도 모르는 북쪽 오슬로 숲에서
모르는 북쪽 말과 남쪽 말이 서로를 더듬어
낙엽처럼 뒹굴다가 낙엽처럼 붉어져서
벌거벗은 몸 위에 이국의 언어를 필사하다가
통음과 통정으로 마침내 한통속이 되었으면 좋겠다
속으로 하무뭇하니 콧노래를 흥얼거리다가
쌀을 안치는 애인에게 한다는 말이
그런데 애인아, 오랑캐 여자는 어디로 갔을까
이상하지 화를 낼 줄 알았던
오래된 애인은 기꺼이 처음 만난 오랑캐가 되었으니
쌀이 밥이 되든 죽이 되든 무에 상관이랴
오늘 밤은 오랑캐의 말을 반드시 배우리라
캄캄한 오슬로 숲이 크엉 크엉
오랑캐의 울음소리로 저물어가다가
달 하나를 낳으리라

사랑은 끝말잇기와 같아서

탱고에는 실수가 없어, 도나*

사랑은 끝말잇기와 같아서
슬픔과 아픔 같은 울증의 감정은 물론
기쁨과 미쁨 같은 조증의 감정도 숨겨야 해
어설픈 코스튬을 흉내 내서도 안 되지
새벽녘이나 저물녘은 피아 구분이 어려우니
조심 또 조심하고
붉은 제라늄은 독초라는 것을 명심하고
라듐이나 이리듐 같은 맹독은 더더욱 피해야 하지

사랑은 끝말잇기와 같아서
필사적으로 피하려 해도 언젠가는
금기의 단어와 맞닥뜨리게 되는 것
주체할 수 없는 기쁨으로 차오르다가
어느새 슬픔으로 치다를 테니
파국을 피해 종횡을 누빈다 한들
마침내 픔과 쁨과 튬과 듐과 늄 그리고 녘이라는
외통수에 다다르는 것이니

그것이 사랑이라는 끝말잇기의 숙명이지

하지만 애인아
절망할 이유는 없어

사랑은 끝말잇기와 같아서
둘뿐 아니라 셋도 넷도 가능하니까
내일 또 누군가를 만나서
다시 시작하면 되니까

실수하고 스텝이 엉켜도 계속 추는 거야 그게 탱고야*

---

* 영화 〈여인의 향기〉에서 알 파치노의 대사. "There are no mistakes in the tango, Donna. If you make a mistake, get all tangled up, you just tango on."

꽃들의 사정, 늙은 시인에게

저마다
피는 사정이 다른 줄 왜 모를까
색이 다르고
키가 다르고
크기가 다른 데는
꽃들의 사정이 다 다르기 때문일 테지
실오라기 하나 걸치지 않은 채
잠자는 애인의 머리칼을 어루만지며
이 땅끝까지 당신은 왜 왔나
당신은 이제 어디로 가야 하나
아니야 아니야 잠꼬대하는 애인은
땅끝보다 더 먼 끝을 원하는데
애인은 언제나 세상에 없는 문장만을 원하는데
당신은 이제 고백해야 하지 않나
당신의 문장은 바닥을 드러낸 지 오래라고
당신은 이제 외통수에 몰렸는데
여명은 밝아오고 젊디젊은 애인은
이제 곧 깨어날 텐데

2부

검은 눈에 물든다는 건
시에 물드는 일

박정대 사용 설명서 혹은 여행 안내서

1

 나는 시를 말하려고 한다, 라고 일찍이 박정대가 말했다 일찍이 인터내셔널 포에트리 급진 오랑캐 밴드를 결성한 박정대는 담배 한 대와 커피 한 잔과 그리고 술 한 잔만으로 세상의 모든 타락한 고리타분한 시를 혁명했다 〈내 청춘의 격렬비열도엔 아직도 음악 같은 눈이 내리지〉에서 〈라흐 뒤 프르콩 드 네주 말하자면 눈송이의 예술〉까지 박정대의 시를 따라가다 보면 마침내 그런 순간이 온다 나 잡아봐라 파르동 파르동 하는 박정대만 오롯이 남는 거다 그러니까 박정대는 그 자체가 시다 그러니까 나는 지금 박정대를 말하려는 게 아니라 시를 말하려고 한다 지상에서 사라질 뻔한 〈체 게바라 만세〉를 복간한다고 말하는 게 아니다 지상에서 사라져서는 안 될 어떤 음악을 어떤 저녁을 어떤 풍경을 다시 불러오겠다고 말하고 있는 거다

2
 박정대를 읽는다는 것은

들도 보도 못한 이국의 도시, 노상 카페에 앉아서
들도 보도 못한 이국의 배우들과 가수들과 시인들과
들도 보도 못한 음악과 영화와 문학에 관한 잡담에
나도 모르게 귀를 기울이게 된다는 거
나도 모르게 빠져들게 된다는 거
그러다가 문득
죽었다 깨도 이런 시를 쓸 수 없다는
참담함에 기가 죽기도 한다는 거
그런 거다
그러니 다만 박정대라는 무한궤도에 올라타 함께
무한한 사람을 여행하고
무한한 음악을 여행하고
무한한 영화를 여행하면 될 뿐이다
그러니 시인이여 독자여 기죽지 마라
박정대는 다만 〈눈 속을 여행하는 오랑캐의 말〉일 뿐이니

3
이것은 박정대가 아니다

검은 눈에 물든다는 건 시에 물드는 일

밤새 검은 눈이 쏟아지고 있다
검은 눈이 모든 흔적과 자취와 징후를 덮고 있다
그 사이 오랑캐 리 강은
말레콘의 파도 치는 해변을 떠나
리스본의 고요한 타호 강변을 걷고 있다는 전언이다
검은 눈이 그칠 줄 모르고 내린다
검은 눈이 내리면 그곳이 어디든 리스본이 된다
한 번도 읽어본 적 없는 페르난두 페소아의 시와
한 번도 본 적 없는 빔 벤더스의 영화
한 번도 타본 적 없는 리스본行 야간열차와
한 번도 들어본 적 없는 파두, 파두 소리
검은 눈이 내리면 그곳이 어디든 리스본으로 물든다
이것은 그리 오래지 않은 일
이것은 그리 오래지 않아
그러니까 천년 후에 벌어질 풍경
그러니까 검은 눈에 물든다는 건 시에 물드는 일
그렇다면 이제 당신은 어디든 갈 수 있으리
검은 눈에 젖었다면 그곳이 어디든 갈 수 있으리

1923년 12월 11일 파리 몽파르나스에 처음 문을 연 카페 〈르 셀렉트〉에서 서른네 살의 장 콕토와 스무 살의 레옹 라디게는 무슨 말을 했나

담배를 한 모금 빨고는 장 콕토가 말했다

괜찮군 이곳에서 영화를 찍는다면 언젠가 명물이 될지도 모르겠어
비둘기 두 마리가 서로 사랑했다는 거짓말을 사람들이 좋아라 믿는 걸 보면 우습지도 않아
나의 하루가 당신의 하루보다 꼬박 하루가 늦는다는 고백으로 세상의 모든 연애는 막이 오르고
나의 하루가 시하고 내려갈 때 당신의 하루는 소하고 올라갔다는 고백으로 세상의 모든 연애가 막을 내리지
물론 그 반대의 경우도 있어 이번 희곡은 그걸 써볼까 해

레옹 라디게는 그의 말을 경청하면서 때로는 메모지에 옮겨 적기까지 했다
레옹이 죽기 하루 전의 일이었다
이날 두 사람을 모딜리아니가 그렸는데 안타깝지만 아직까지 발견되지 않았다

100년 후, 춘천의 리스본에 처음 문을 연 카페 〈매그놀리아〉에서 쉰아홉 살의 오랑캐 리 강과 쉰여덟 살의 문장 수선공 k가 만났다

　보헴 시가 식스를 한 모금 빨고는 오랑캐 리 강이 말했다
　순댓국이 맛있는 게 아니라 너랑 먹는 순댓국이 맛있는 거야
　모카 라떼가 달달한 게 아니라 오늘이 다만 달콤한 날이듯이
　시는 언제나 그곳에서 시작되는데 사람들은 엉뚱한 곳만 바라보지

　리 강이 리스본을 떠나면서 k에게 한마디했다
　나치에게 괴벨스가 있다면 춘천에는 제벨스가 있어서 다행이야

무가당 담배 클럽 동인이자 인터내셔널 포에트리 급진 오랑캐 밴드 멤버이자 율란통신 에스프리 편집장 무사 강돌이자 영화감독 오랑캐 이 강이기도 한 그러나 끝내 시인인 박정대 형에게

제1신. 창백이라는 말

3월입니다
오늘은 내가 아는 박정대 중
누구에게 서신을 띄울까
아침부터 고민하다 해가 뉘엿뉘엿하니
에라 모르겠다 아무나 읽겠지
무작정 씁니다
봄여름 가을 겨울
어느 계절도 아닌
삼백예순날 오롯이 이절
오랑캐의 계절에서
형은 오늘도 자작나무로 살고 있는
체와 만옥과 자무시와 함께
자작자작 음악을 태우고 있을지 모르겠습니다

형과 함께 기획한
세상에서 가장 아름답고 무용한 혁명
율란통신 에스프리 첫 번째 책이 곧 나올 테지요
벌써부터 심장이 두근거립니다
3월의 끝에서 만나는 율란yulan
그러니까 창백한 백목련은 얼마나 아름다울까요
창백蒼白이라는 말은 백목련과 만났을 때만이
의미를 가질 테지요
형과 함께하는 이 무용한 혁명의 끝은
또 얼마나 창백할까요
얼마나 장엄하고 아름다울까요
생각만으로도 벅찬 하루해가
저리 격렬하게 지고 있습니다

제2신. 밤새 우레와 폭우가 퍼붓는 동안 일생이 지나가버린다 해도

천둥과 번개와 폭우가 퍼붓는 밤입니다

오늘도 밤을 새우며
시와 소설의 문장들을 수선하고 있습니다

낡아서 너무 무르거나 너무 성긴 문장들
당신을 죽도록 사랑해 혹은 사랑해서 당신을 죽일 거야 같은

새로워서 너무 딱딱하거나 너무 빡빡한 문장들
모든 사랑의 자백은 허위이고 다만 이별의 알리바이로 작동한다 같은

영원히 내 것이 될 수 없는 배반과 음모의 문장들
아니 이율배반의 문장들을 수선하다가
하릴없이 일생을 낭비할지도 모르겠습니다

밤새 우레와 폭우가 퍼붓는 동안 지나가버릴 일생일지도 모릅니다

바깥 덧문이 삐걱거리더니 바람이 새어들고 비가 들이

칩니다
  낡은 가죽 같은 문장들을 잠시 밀쳐놓고 형의 문장을 꺼내 읽습니다
  바람과도 같은 형의 문장에 퍼질러 누워
  고요한 이절을 떠올립니다
  이절에 스스로를 유배한 형을 떠올립니다
  언젠가 보내올 형의 뜨거운 문장을 떠올립니다

  밤새 우레와 폭우가 퍼붓는 동안 일생이 지나가버린다 해도
  여한이 없을 그런 문장 말입니다

제3신. 나의 하루는 천년처럼 멀고

  형의 문장으로 지을 시집과
  형의 문장으로 올릴 산문집을 기다리는
  하루는 천년처럼 멀고
  더디지만

문득 십 년 후를 생각하면
눈 깜짝할 새였겠다 싶습니다

이절은 멀고
삼절은 오지 않았는데
사절을 먼저 떠올리는 기묘한 날들입니다

제4신. 실패한 문장

형의 주말은 어떤 색일까요?
월간 〈춤〉지에 보낼 원고를 써야 하는데
마감이 내일인데
도무지 감感이 잡히질 않습니다
더워도 너무 더운 탓일 겁니다

소리꾼 장사익 선생의 노래
〈황혼길〉을 틀어놓고
문인수 선생의 시집을 꺼내 읽다가

「머위」에 잠시 머물렀습니다

아마도 이번 원고는 장사익과 문인수 사이
그 어디쯤에서 만들어질 듯합니다

어떤 것은 시가 되고
어떤 것은 음악이 되고

지난날 대부분의 문장은 실패하기 일쑤였습니다
시는커녕 음악은커녕 소음에 불과했습니다

아마도 이번 생에는
소음과 음악 사이 그 언저리쯤에서 마감할 듯합니다

제5신. 지속가능한 슬픔

누군가는 자본의 카니발이라 명명하지만
실상은 자본의 몬도가네Mondo Cane이지요.

개 같은 세상, 개가 되어, 컹컹 짖어대는 무리들 속에서
개가 될 것인지 사람이 될 것인지
늘 선택의 기로에 선 기분입니다

우리는 늘 지는 사람들입니다
세상과의 싸움에서 늘 질 수밖에 없는,
이 얼마나 가련한 운명입니까
패배할 수밖에 없는 운명이라니요!
그래도 희망은 있습니다
패배가 지속가능한 슬픔을 가져다줄 테니까요
그러니 패배 속에서 슬픔 속에서
마침내 시의 카니발을 열어야겠지요

슬픔이 마침내 지속가능한 시가 되기를
그것만이 어쩌면 유일한 희망인지도 모르겠습니다

제6신. 무용한 혁명의 시작

형과 함께 꿈꾸었던,
율란통신 에스프리 첫 번째 책이
마침내 세상에 나왔습니다
시작은 미약하였으나 끝도 끝내 미약하기를
실패를 두려워하지 않았으나 끝내 실패하기를
시집인 듯 시집이 아닌 듯
잡지인 듯 잡지가 아닌 듯
문학인 듯 문학이 아닌 듯
예술인 듯 예술이 아닌 듯
손에 잡힐 듯 손에 잡히지 않는
이것은 무엇이다 명명하는 순간 사라지는
누군가는 이 책을 읽겠지만
누군가는 이런 책이 있는지도 모르겠지만
세상의 모든 책이 첫 책이듯
세상의 모든 페이지가 첫 페이지이듯
매 순간이 처음이자 마지막인
예술의 고아들을 위한
그리하여 세상에서 가장 아름답고 무용한 혁명이
마침내 시작되었습니다

제7신. 프루콩 프루콩 피크시르포크 흩날리는 밤

 초저녁 점점이 내리던 눈이 어느새 프루콩 프루콩 눈송이로 흩날리는 지금은 자정입니다

 형의 시집 『라흐 뒤 프루콩 드 네주 말하자면 눈송이의 예술』을 읽다가 150여 년 전 보르도에서 태어나 파리에서 생을 마친 몽테스키외를 떠올리는 밤입니다

 몽테스키외는 자신의 모든 저작물에 이렇게 서명을 했다고 합니다
 샤를 루이 요세프 드 세콩다 바롱 드 라 브레드 에 드 몽테스키외

 형의 서명도 만만치 않지요 아니 오히려 더 심하게 길지요
 무가당 담배 클럽 동인이자 인터내셔널 포에트리 급진 오랑캐 밴드 멤버이자 율란통신 에스프리 편집장 무사 강돌이자 영화감독 오랑캐 이 강이면서 끝내 시인인 박정대

몽테스키외가 쓴 『법의 정신』을 로마 교황청에서 금서로 지정했듯이 어쩌면 형의 모든 시집들이 마침내 금서로 지정될지도 모르겠습니다
　평행이론처럼 말입니다

　에스키모인들이 쓰는 말에는 눈이라는 단어가 없다지요
　내리는 눈 카나, 쌓인 눈 아푸트, 바람에 날리는 눈 피크시르포크는 있어도 그냥 눈은 없다지요
　오늘은 그러니까 피크시르포크가 흩날립니다
　피크시르포크가 프루콩 프루콩 흩날리는데 아무래도 안 되겠습니다
　청담하이볼로 가야겠습니다

　오늘의 와인은
　〈까스티용 꼬뜨 드 보르도, 샤또 꽈트르 리유〉로

　오늘의 안주는
　〈뻬쓰까또레 부르쥬미 첼라햄 페스츄리 치즈나쵸 스트

링 스파게티〉로

　오늘의 노래는
　에디트 피아프의 〈농, 쥐 너 리그레뜨 리앙〉(난 후회하지 않아)로 하겠습니다

제8신. 애인의 안부를 묻는 동안 아흔아홉 번의 겨울이 지나갔다

　시집 속에서 오랑캐 이 강은 춘천의 의암호를 거뜬히 리스본의 타호강으로 바꾸고, 죽은 랭보를 거뜬히 살려내어 에티오피아의 히라르에서 뜨거운 커피를 함께 마시지만

　시집 속에서 오랑캐 이 강은 세상의 모든 국경을 허물고, 때로는 핀란드의 국경수비대원들과 톱밥난로에 언 손을 녹이고 밤새 담배를 피우고 보드카를 나눠 마시며 혁명을 꿈꾸지만

밤새 허리를 화학적으로 앓던 형은 이제 리스본을 떠나야 하는데, 시집 바깥에서 형은 마법을 잃어버린 한 마리 가여운 짐승일 뿐이니 스스로 석양 되어 저물려 하는데

시집 바깥에서 나는 형을 위로하거나 어루만질 단 하나의 문장도 만들어내지 못합니다
그 어떤 위무의 문장도 형에게 닿지 못하리란 것을 세상의 모든 실패한 연애들이 증거하고 있기 때문입니다

어쩌면 지상에 추락한 전직 천사의 서러운 숙명일 테지요
애인의 안부를 묻는 동안 아흔아홉 번의 겨울이 지나갈 테지요
아흔아홉 번의 겨울이 지나가는 동안 아흔아홉 번 무너질 테지요
형이 아흔아홉 번 무너지도록 애인은 끝내 돌아오지 않을 테지요
백 번째 눈송이가 이절에 내릴 때 어쩌면 그것은 또 다른 이별의 징후일 테지요

시집 바깥으로 시인이 걸어 나올 때 오랑캐 이 강은 어디로 가야 하나, 라는 문장을 썼다 지우고 다시 썼다 지우는 사이로 여명이 밝아옵니다

오랑캐 이 강이 만들어낸 리스본은 다시 춘천이 되고, 타호강은 다시 의암호가 되어 흐릅니다

제9신. 세상에서 가장 유력한 무력

영화 〈서울의 봄〉이 장안의 화제입니다

실패하면 반역이고 성공하면 혁명 아닙니까, 라는 막말이 인구에 다시 회자되는 요즘입니다

러시아의 무력 침공에 무력한 우크라이나와 이스라엘의 무력 침공에 무력한 팔레스타인 가자지구는 타락한 무력의 세계를 극적으로 보여줍니다

그럼에도 불구하고 타락한 무력武力의 세상에서 가장 무력無力한 존재가 어쩌면 시인이 아닐까 생각하다가 형을 떠올립니다

세상의 모든 타락한 무력武力을 무력無力의 시로 혁명하는 오랑캐 이 강, 형의 시는 세상에서 가장 유력有力한 무력無力이지요

굳이 부연하자면 무력無力하기 때문에 무위無爲하고 무욕無慾하고 무애無礙하고 무한無限한 혁명입니다

제10신. 기타 담배로 만든 시

보헴 시가 식스는 보헤미안 박정대의 담배입니다
아스따 라 빅또리아 씨엠쁘레!
승리의 그날까지 영원히!
붉은색 체 게바라 지포 라이터가 형의 라이터이듯이 말입니다

형의 시집 『내 청춘의 격렬비열도엔 아직도 음악 같은 눈이 내리지』를 처음 읽었을 때, 그때의 두근거림은 20년이 훌쩍 지난 지금도 여전합니다
 음악 같은 햇살, 음악 같은 빗줄기, 음악 같은 는개… 그런 날이면 여전히 격렬비열도의 파도가 출렁입니다

 그런 날이면 보헴 시가 한 개비와 커피 한 잔으로 세상을 다 가진 듯한 표정의 형을 떠올리곤 합니다

 편의점을 들러 보헴 시가 식스를 한 보루 사서 우체국으로 갑니다
 작은 박스에 담배를 담고 포장한 다음 보내는 사람과 받는 사람의 이름과 주소를 적습니다
 ─ 달아실 문장수선소에서 일하는 남만 격렬족 문장수선공이 오랑캐의 계절, 이절에 사는, 아직 오지 않은 삼절과 사절의 시를 살고 있는 보헤미안 시인에게

 그러고 나면 이절에서 형의 답신이 올 테지요

— 이절의 오후는 평화스럽다 못해 괴이하고 달콤하게 고독하다
— 나는 영원히 이 박스를 뜯지 않을 거야

음악이 없거나 음악만 있는
눈물이 없거나 눈물만 있는
의미가 없거나 의미만 있는

양극단의 사이에 끼어 오도 가도 못하는 지리멸렬한 날들이지만, 그 지리멸렬함이 오히려 생의 의지를 불러일으키기도 하는 것이니, 모순이야말로 새순일지도 모르겠습니다

음악 없는 노래와 눈물 없는 슬픔과 의미 없는 문장이 자라는, 오랑캐의 계절에서 우리 다시 만날 테지요

바람이 붑니다
바람이 불어서 이 엽신이 형에게 닿았다면 어느새 천년이 지났을 테지요

3부

햄버거와 황지우를 빙자한
시적 사기술

오, 마이 캡틴! 오, 마이 탁번!

1. 탁번이라 쓰고 시라고 읽는다

시가 뭐냐고 물을 때면 선생을 불러댔다

오탁번의 시를 봐라
설명이 필요 없다
얼마나 재밌노?
시는 이런 맛이다
웃다가 배꼽 잡고 웃다보면
슬그머니 마음 한 켠이 짠~해지는 것
괜히 눈시울이 뜨거워지는 것
그게 시다

탁번이라 쓰고 시라고 읽어댔다

2. 탁본, 오탁번

오탁번 선생님 뵈러 장인수 시인과

애련리 원서문학관 갔던 건데
성과 속을 오가며
시와 문학과 우리말의 정수를 회 뜨시는
선생의 강의를 들으며
우리는 시종 울다 웃다 취했던 건데
햄릿의 그 유명한 독백
"투비 오어 낫 투비"를
"사느냐 죽느냐 그것이 문제로다"
요렇게 해석하는 놈들은 죄다 가짜여
웃기고 자빠질 일이지
"기여? 아녀? 좆도 모르겠네."
요게 진짜여
이 대목에서는 그만
배꼽을 잡고 쓰러질 수밖에 없었는데

돌아오면서 생각하는 거다
탁본을 뜨려면
詩알이
오탁번 정도는 돼야지

아무렴
알 만한 이는 다 아는
공공연한 이 바닥의 비밀
어탁語拓을 뜨려면
詩붕語,
시붕어 중에서도
오탁번이지 암만

3. 자네 그리고 오탁번 외 제자

어느 날 선생께 따졌다

— 장인수한테는 인수라고 하면서 왜 저한테는 자네라고 하시죠?
— 인수는 내 직계 제자잖아
— 저도 방계 제자쯤은 되잖아요
— 그놈 참, 자네는 방외도 안 돼

그냥 물러날 수는 없는 노릇이었다

— 섭섭합니다. 그냥 써주시면 안 될까요?
— 그럼 넌 내 번외 제자 해라

자네였던 나는
그날 이후 오탁번 외 제자가 되었다

나중에 국어사전을 찾아보니
외外라는 게 시문詩文을 평가하는 등급의 맨 꼴찌였다

자네면 어떻고
꼴찌면 어떠랴 싶었다
그 후로 다시는 따져 묻지 않았다

애기동백, 붙박이별 그리고 려족旅族들

천리를 걸어 닿은 여기는 땅끝
기장의 푸른 바닷마을입니다
왜 그 먼 남쪽 땅끝까지 간 것이냐
묻지 마시길

저들은 본래 저리 태어났으니

조금씩 떠나면서 조금씩 돌아오는 파도와 같이
나그네별로 지상에 온 것이니
돌아가기 위해 떠나는 것이 숙명인 족속들입니다

멸치 떼처럼 모여서
저들이 밤을 새우며 모래사장에 새긴 문장들은
이미 다 지워졌지만
애기동백처럼 붉은 문장 하나는 이미
당신의 심장을 붉게 달구었을 테지요

저들은 다시 떠날 겁니다
방랑의 별들이 가고 나면

애기동백 같은 붙박이별이 반짝일 테니
오늘 밤에도 또 한 명의 애인이 응애응애 태어날 테니

아무도 별을 헤지 않는다

고래로
병자와 도둑과 시인만이
별들에게 길을 물어왔다

어젯밤도
얼음별들이 찬란했지만
별을 헤는 자는 없었다는 전언이다

박용하는 서럽다

오빈리에 스스로를 위리안치한 까닭을 모르듯
끝내 그의 생을 온전히 알지 못하겠지만

박용하는 최악을 다해 쓸쓸한 인간이고
인간적인 것을 거부하면서 쓸쓸해지는 인간이다

그는 아무것도 아니어서 서러운 인간이고
동쪽이 그리워 서쪽을 서러워하는 인간이다

그는 개를 싫어하면서 개를 서러워하는 인간이다
그가 개를 서러워하는 것은 언제 물지 모르기 때문인데
그런 까닭으로 또한 인간을 서러워하는 인간이다

  서러워서 쓸쓸한 그는 쓸쓸하니 서러운 위악의 시를 쓴다
  그의 위악과 쓸쓸함과 서러움은 모두 인간에서 비롯된 것인데
  그런 까닭으로 그는 무한하면서 유한한 시인이다

내 시는 진이정의 각주에 불과했다

"진창이 그리웠다
비록 연꽃으로 피어나진 못했더라도,
아아 이 몸은 그 진창의 아들일 터이니"
라는 문장을 100명에게 보여주고
글쓴이의 직업을 물었다
80명이 승려라고 답했고
10명은 목사라고 했으며
9명은 무당이라고 답했다
오직 한 사람만이 시인이라고 답했다
시인이라고 답한 이도 시인의 이름을 알지는 못했다

토씨 하나를 찾아 천지간을 떠돌다
끝내 병이 낫기를 거부하고 죽음을 받아들인 사내,
후대의 시인들이 그를 기억하지 못한다 해도
그는 시의 사태였고 시의 그림자였다

 요설妖舌과 주문呪文과 성속聖俗이 얽힌 극단의 문장들로 채운 한 권의 시집만 남긴 사내

구체적인 그의 아트만을 알지도 못하면서
난수표 같은 그의 시집을 필사하다가
마침내 거꾸로 읽는 난독의 밤들,
그의 거꾸로 선 꿈을 곡해하면서
이해할 것만 같았던 괴괴한 밤들,
시인은커녕 사람 노릇 하기도 힘든
진창의 세상에서
달콤하지만 뻔한 서정을 버리고
그가 온몸으로 밀고 나갔던
역설과 요설과 전위의 문장들이
그가 세운 불립문자들이
놀랍도록 환해지던 밤들,
그 숱한 밤들을 보내면서 끝끝내
나는 그의 새로 창조된 독자가 되고 싶었다*

그의 아트만은 사라지고 없지만
아파할 필요도 슬퍼할 필요도 없다
죽음마저도 그가 만들고자 했던
그의 시집의 일부였으니까

그는 죽었지만
그의 우파니샤드는 생생하게 살아 있으니까
나의 시가 뻔한 비유로 흐를 때마다
(대개의 서정은 얼마나 뻔한 비유이던가)
나의 시가 세상의 아트만들을 놓칠 때마다
나에게 죽비가 되어주었으니까

고백하자면
지금까지 내가 쓴 모든 시는
진창의 아들이었던,
스스로 폐병쟁이가 되었던,
진이정의 각주에 불과했다

* 오규원, 『날이미지와 시』에서 변용.

매혹이란 그런 것이다

시집을 읽는다는 것은
한 번도 본 적 없는
이방의 색에 물드는 일이어서
이방의 음에 스미는 일이어서
불가사의한 통정
불가사의한 통음
아흔아홉 개의 꼬리와
아흔아홉 개의 울음을 지닌
세상에 없는 노래를 읊조리다가
마침내 낭자한 피로 물들기도 하는 것이니
몽우濛雨에 젖고 몽설夢雪에 젖는 밤
새벽 어스름 두 개의 별똥별이
캄캄한 우주를 건너는 것이니
통역이 불가해도 지혈이 불가해도
답 없는 질문만으로 거뜬히 한생을 지나가겠다

당신을 읽는다는 것은 그런 것이다

기담, 기담을 읽어요, 기담 식으로요

당신은 에테르 속에 초대되었습니다. 가슴을 깊게 들이쉬고 참으세요. 여기는 숨이 찬 인어人語들의 멀미로 울렁입니다.
— 김경주, 『기담』에서

멀미

기담을 읽을 때는 멀미를 조심해야겠어요
이 시집은 진동에 의한 가속도 자극이 심하거든요
당신의 내이內耳를 자극할지도 모르겠어요
물론 일과성의 병적 반응이니까
너무 걱정할 필요는 없겠어요
그래도 불안하면 키미테를 붙이고 읽으면 괜찮겠어요

프로이트

〈꿈의 해석〉에서 리비도라는 낯선 용어를 들고나와서

무릇 인간은 지 에미애비랑 씹하고 싶어서 안달이 난 동물들이라고
그게 오이디푸스 콤플렉스라나 뭐라나
그래서 한때 서양년놈들은 정말로 호로자식들이구나
생각한 적도 있었는데요
어쨌든 그가 정신분석학의 새 지평을 열었다고
사람들이 호들갑을 떠는 바람에
내 생각을 차마 입 밖에 내지 못햇던 기억이 여전한데요
하물며 아버지의 ZZ 털이라니요!
어머니의 BZ 털이라니요!
나는 차마 입 밖에 내지 못하겠어요
나는 아무래도 털이라는 터부를 脫하기는 어렵겠어요.

 # 마돈나

마돈나라는 성녀와 창녀의 이미지를
비즈니스로 제대로 써먹을 줄 아는
58년 개띠 마돈나를 좋아한대요

딴따라 중의 딴따라
그래도 아니 그래서
미워할 수 없는 마돈나를 좋아한대요
마돈나를 닮은 미나가 하루 종일 쫑알대요
김경주는 딴따라가 돼야 해
제대로 딴따라가 되었으면 좋겠어

에곤 실레

에곤 실레를 사랑한다는 친구가 있어요
그의 자취방은 온통
실레의 그림으로 도배가 되어 있어요
실은 실레의 그림을
도색잡지로,
자위를 위한 도구로 쓰고 있다는 것은
나중에야 알았어요
그의 자취방에서 나도 딱 한 번
실레의 그림을 보며

자위한 적이 있어요
기담을 읽다가 문득
30여 년 전의 그 친구를 떠올려요

여기까지만 할게요
김경주를 읽는 게 이제 지루해지기 시작했어요

문장수선공 k

막다른 골목 거기에 그의 가게가 있다
— 고장 난 문장을 수선해드립니다

그의 가게 안에는 이런 현판이 걸려 있었다

끝내 실패할 수밖에 없은 길을 걷는 이들이 있다
그들을 위해서
아무도 펼쳐보지 않는 책을 만든다
아무도 사지 않는 책을 어떻게든 판다
그게 내 일이다

그가 왜 이 소읍에 내려왔는지
그가 왜 이 막다른 골목까지 막다른 것인지
그가 이전에 무슨 일을 했는지
사정을 아는 사람은 아무도 없었다
그가 한때 장미여관 포주였다거나 사이비 교주였다거나 유령작가였다거나
소문은 무성했지만 소문만 무성할 뿐이었다

긴가민가하면서 하나둘
어긋나거나 틀어진 문장들을 맡기기 시작했다
말도 안 되는 문장들이 그의 손을 거치면
신기하게도 말이 되었다
그의 가게엔 말도 안 되는 문장들로 가득했다

하지만 어느 날부터
그의 가게를 찾는 발걸음들이 뜸해지더니
어느 날부터는 아예 발길이 끊어졌다

나중에 그 이유가 밝혀졌는데
그에게 수선을 맡긴 소설가라던가 시인이라던가
암튼 수선이 잘못되었다며 아무개가
그에게 거액의 소송을 걸었다던가 뭐라던가
한바탕 야단법석 소동이 벌어졌다고 했다

— 고장 난 문장을 수선해드립니다
막다른 골목 거기에 그의 가게가 있었다

숫

그곳에서는 옷을 벗어야 한다
아버지라는 옷
남편이라는 옷
아들이라는 옷
관계를 위한 모든 옷을 벗어버리면
남는 것은 오롯이 '숫'만 남는다
'벌거벗은 숫'만 남는다

벌거벗은 숫이 책을 읽고, 음악을 듣고, 춤을 추고, 노래를 부르고, 명상하고, 와인을 마신다 보라

벌거벗은 숫은 부드럽다
벌거벗은 숫은 명랑하다

시인 최승호와 숫

수소가 맞고 숫소는 틀리다는
맞춤법은 틀렸다

사이시옷이 빠진 수소는
거세한 수컷이니

숫소라야 맞다
숫놈이라야 맞다

수가 아니라 숫이다
봐라 불끈 솟은 숫을

최승호 시인이 숫소로 쓴 것을
수소로 고쳤다가 벌어진 얘기다

눈사람 자살 사건의 재구성

 소문만 무성하던 〈눈사람 자살 사건〉의 진범이 22년 만에 잡혔다
 최승호 시인이었다
 경찰 발표에 따르면 그동안 범인으로 지목되었던 다올 씨는 단지 하수인에 불과했다
 그의 은신처에서 발견된 시체는 놀랍게도 눈사람뿐이 아니었다
 깨진 거울 자살 사건,
 황금털 사자 고양이 살인 사건,
 개미 구덩이 추락사 사건,
 흑암지옥 의문사 사건,
 거지와 개죽음 사건,
 고슴도치 동반자살 사건,
 개똥벌레 낚시터 살인 사건,
 구더기 해탈 위장 자살 사건,
 망치뱀 자살 사건,
 비단잉어 아사 사건 등,
 미제로 남았던 사건들의 진범도 최승호 시인이었다
 검찰로 송치되는 순간, 지금 심경이 어떠냐고, 범행 동

기가 뭐냐고 묻자,
    최승호 시인은 고개를 빳빳이 들고는 엉뚱한 얘기만 늘어놓았다

    시를 가르친답시고 개뼈다귀 같은 소리만 하지 않느냐
    그 따위로 가르친다면 그건 가르침이 아니라 가래침이다
    우리말의 맛도 멋도 모르고 시를 논하는 그 혀를 자른 게 뭐가 잘못이냐

    그가 가래침을 뱉는 모습은 고스란히 전국에 방송되었고, 이를 본 사람들은 경악을 금치 못했다

햄버거와 황지우를 빙자한 시적 사기술

#1. 모건 스펄락의 영화, <수퍼사이즈 미>를 비디오로 보다

모건은 '한 달간 맥도날드의 메뉴만 먹고 살면 과연 어떻게 될까' 생각한다
그는 자기 자신을 실험하기로 한다
실험 규칙은 단순하다

오직 맥도날드에서 파는 것만으로 하루 세 끼를 해결할 것

한 달 후, 의사들이 그를 진단한다

몸무게 15킬로그램 상승
콜레스테롤 수치 상승
간의 피로도 상승
소견, 더 지속되면 위험, 실험을 중단할 것

영화는 흥미는 있었지만 생각보다 재미는 없었고
영화를 보면서 먹었던 햄버거와 콜라는 생각보다는 맛있었다

#2. 황지우의 시, <도대체 시란 무엇인가>를 내 식대로 읽다

시인 황지우가 묻는다

    나는 시를, 당대에 대한, 당대를 위한, 당대의 유언으로 쓴다.
    上記 진술은 너무 오만하다( )
    위풍 당당하다( )
    위험 천만하다( )
    천진난만하다( )
    독자들은 ( )에 ○표를 쳐 주십시오.

나는 천진난만하다에 ○표를 쳐 주었다

    그러나 나는 위험스러운가( )
    얼마나 위험스러운가( )
    과연 위험스러운가( )에 ?표 !표를 분간 못 하겠습니다.

얼마나 위험스러운가(!)만 남기고 나머지 두 문장은 지웠다

    不在의 혐의로 나는 늘 괴로워했습니다.
    당신은 나에게 감시당하고 있는가( )
    당신은 나를 감시하고 있는가( )
    독자들이여 오늘 이땅의 시인은 어느 쪽인가( )
    어느 쪽이어야 하는가( ) ○표 해 주시고 이 물음의 방식에도 양자택일해 주십시오.

문장 전체를 아예 지워버렸다
뒤에도 몇 개의 문장이 있었지만 지져워졌다

오, 시인은 얼마나 천진난만한가
그 천진함으로, 그 난만함으로
오, 시인은 얼마나 위험스러운가!

#3. 맥도날드는 햄버거를 만들고, 시인은 시를 쓴다

인류가 멸망한 이유를
후세의 외계 역사가는 이렇게 기록하고 있다

지구인은 햄버거를 먹고, 시를 읽었다

쉰아홉의 쟈니가 스물아홉의 쟈니에게

요절한 시인처럼
요절한 가수처럼
스물아홉에 죽고 싶었지
하지만 살아야 했고
살아보니 알겠더라

잠시 비루하면 어때
지금은 그래야 하는 거야
술을 마시면 즐겁고*

통속이 통설을 낳을 뿐
조금 비딱하면 어때
지금은 그런 시간이야
비가 내리면 서럽고*

개와 늑대의 시간일 뿐
마침내 지나갈 테니
분별이여 구분이여*
그게 다 무슨 소용이랴

지금은 다만 미지로
미래로 가는 것이다

아~ 스물아홉 쟈니
아으~ 스물아홉 쟈니

---

* 서른 살에 요절한 박인환이 스물아홉에 쓴 시 「센티멘탈 쟈니」를 내가 처음 베낀 건 열아홉 살 때 일이다. 그리고 사십 년이 지났다. 고백하건대 열아홉의 나는 김수영보다 박인환이 좋았다. 아으~ 센티멘탈 쟈니.

숲 해설사, 한 잎의 여자를 모르는 남자

그 남자를 모르겠네
물푸레나무를 속속들이 알고 있는 남자
물푸레나무의 학명부터 이름의 유래며 그 쓰임새까지
물푸레나무의 거의 모든 것에 관하여 알고 있는
그 남자를 알다가도 모르겠네

그 남자를 정말로 모르겠네
물푸레나무는 알아도
오규원과 한 잎의 여자를 모르는 남자
나무만 아는 남자
어느 나무에도 어느 풀에도 시詩는 없다는 남자

숲 해설을 위해 한 권의 시집을 읽는
그런 병신 같은 남자는 세상에 없다는 그 남자를
외상값*이라고는 단 일 원도 없을 것 같은 그 남자를
죽었다 깨도 모르겠네

* 황인숙의 「삶」이라는 시에 나오는 그 외상값이다.

  왜 사는가?
  왜 사는가……
  외상값.
  — 황인숙 「삶」 전문

어깨너머

풍월을 읊는 개들에 관한 詩나리오를 준비 중이다

그러니까
어깨너머 배웠는데 어깨를 넘어선 사연들을 모아서
詩로 풀어내는 시나리오를 준비하고 있다는 얘기다

詩나리오가 완성이 되면
전부다 형이 메카폰을 잡기로 했다

이건 순전히
어깨너머 시를 배운 나와
어깨너머 영화를 배우고 있는 전부다 형이
술 먹다 술김에 한 약속이다

그러니까
언제 완성될지 모른다는 얘기다

시나
리오나

시나리오나
사는 일이나
어차피
어깨너머라는 얘기다

뭄, 빨간 원피스를 입은 까롤린

자코메티는 왜 까롤린을 탐했을까, 이것은 우문이다
몽파르나스의 선술집 〈셰 아드리엥〉에서 자코메티는 까롤린에게 모델이 되어달라고 제안했다
피골이 상접한, 가늘고 긴, 피눈물 말라버린 마디마다 생겨나는 추상의 뭄은 모두 까롤린으로부터 나왔다

피골이 상접한 가늘고 긴 뭄을 지닌
빨간 원피스를 입은 까롤린을 만난다면
말도 안 되는 문장들이 시가 되고 노래가 될 수 있을 테지

심장을 요동치게 만드는 문장을 만들어내는 시인이 있다면
그는 분명 빨간 원피스를 입은 까롤린을 만난 거다
까롤린의 뭄을 본 거다

4부

마이크 타이슨을 위한
마이크 테스트 하나 둘 셋

창졸지간 새 된 얘기

용두산아 용두산아 너만은 변치 말자~

나이 마흔에 출가해서 이제 제법 스님 티가 난다 했더니 아니었다
탁주도 모자라서 남이 보든 말든 용두산 엘레지를 뽑는 거다
중이 됐으면 불경을 외야지 대중가요가 뭐냐
그것도 유치하게 트로트가 뭐냐
에라이 땡중아

이놈의 땡중 한심하다는 표정을 짓더니
유치幼稚만이 찬란燦爛에 이르는 법이다
천진天眞만이 난만爛漫에 이르는 법이다
그것도 모르고 무슨 시를 쓰겠다고
유치에 다다르지 못한 놈이 무슨 시를 쓰겠다고
에라 잡놈아 땡중은 내가 아니라 네놈이렸다
참새가 봉황의 뜻을 어찌 알까

졸지에 용두산의 새가 된 거다

용두산아 용두산아 꽃피던 용두산아~

〈무릇 형상 있는 것은 모두 허망한 것이니, 만약 모든 형상이 형상이 아님을 보면 곧 여래를 볼 것〉이라는 부처의 말씀을 야부 스님은 〈산은 산이요 물은 물이로다 부처님은 어느 곳에 계시는가〉라는 시로 풀어냈다 훗날 이를 성철 스님이 인용하셨으나 알아들은 이 없어 내 다시 시로 풀어보는 것이나 이 또한 알아들을 이 누가 있을지 모를 일이다

산에 왔더니 박형 시 쓰면 되겠네
강에 갔더니 박형 시 쓰면 좋겠네
당신들은 어쩌자고
그의 불구를 굳이 들춰내려 하는지
산빛이 휘황하여 쓸쓸할 때 없지 않지만
물색이 지순하여 먹먹할 때 없지 않지만
음풍농월吟風弄月은 아무나 하는 게 아니어서
얼치기가 함부로 넘볼 일이 아니어서
산 좋으면 그냥 산을 즐기면 될 것인데
물 좋으면 그저 물을 즐기면 될 것인데
당신들은 어쩌자고

그의 불구를 콕콕 쪼아대는 것인지
콩새처럼 재잘대는 것인지

원숭이 똥구멍이 빨간 거니

먹기 싫은
바나나를 먹을 때마다
먹기 싫은
바나나 우유를 마실 때마다
나는 왜
아바나를 떠올리는 거니
아니 카바나인가
아바나나 카바나나
구락부나 클럽이나
엎어치나 메치나
그렇다 해도
나는 왜
바나나를 먹을 때마다
바나나 우유를 마실 때마다
아바나를 떠올리는 거니
아니 카바난가
바나나 아바나나 카바나나
중요한 건 아니지만
바나나를 싫어하면서

바나나 우유를 싫어하면서
나는 왜 바나나를 먹고
바나나 우유를 마시고
바나나를 먹을 때마다
바나나 우유를 마실 때마다
한 번도 본 적 없는
아바나를 아니 하바나를
떠올리는 거니
원숭이 똥구멍이 빨개서인 거니
빨가면 사과 사과가 맛있어서인 거니
맛있으면 바나나
그런 거니
바나나가 길어서 그런 거니
이 모든 게 원숭이 똥구멍이 빨개서
그런 거니
바나나나 아바나나 카바나나
다 그런 거니
닭 잡아먹고 오리발 내미는 거니
그럼 이제

나도 잡혀가는 거니
나도 잡아먹을 거니
그런 거니
이걸 만약 당신이 시, 라고 읽고 있다면
필시 당신의 똥구멍도 빨간 거니

차마고도

누구랄 것 없이 죽어라죽어라 산다

죽어라죽어라,는 문장이 산다,는 문장을 밀고

산다,는 문장이 죽어라죽어라,는 문장을 끌며

천 길 낭떠러지 구절양장 고갯길을 넘는다

죽어라죽어라,는 문장이 무너지면

산다,는 문장도 무너지는 법이다

누대로 다도茶道를 체득한 사람들이다

나는 개새끼로소이다

이따위를 시로 쓰려 하다니
나는 개새끼로소이다

세상에 모든 개들에게 미안한 일이지만
나는 개새끼로소이다

돼지들의 왕이
바이든을 날리면이라 하니
날리면 날리면
왈왈 따라 짖으니
나는 개새끼로소이다

돼지들의 왕비가
명품백을 조그만 파우치라 하니
파우치 파우치
멍멍 따라 짖으니
나는 개새끼로소이다

돼지들의 왕이

하다 하다 계엄령을 계몽령이라 해도
계몽령 계몽령
왈왈 멍멍 따라 짖으니
나는 개새끼로소이다

돼지들의 왕인 줄 알면서도
돼지들의 왕비인 줄 알면서도
기꺼이 깨갱깨갱 꼬리 내리고
멍멍 왈왈 기꺼이 꼬리 흔드는
나는 개새끼로소이다

마이크 타이슨을 위한
마이크 테스트 하나 둘 셋

S# 아아, 마이크 테스트 하나

플로리다의 낡은 모텔 102호실, 왼쪽 눈 위아래로 뉴질랜드 마오리 부족의 전사 문신을 한 검은 피부의 건장한 중년 남자가 욕실 거울을 보면서 혼잣말을 한다

— 넌 실패자야 넌 좆같은 돼지 새끼야

제트블루 여객기에서 술에 취해서는 자꾸만 깐죽거리던 젊은 백인 녀석을 방금 흠씬 패주고 온 참이다

위스키를 병째 털어 넣고는 침대 위에 벌러덩 누워버린 마이크

그가 살던 브루클린의 슬럼가 브라운스빌은 뉴욕에서 가장 어둡고 가장 위험한 동네였다

— 커스, 당신이 없으니까 모든 게 다 엉망이 되어버렸어 보라고 난 다시 쓰레기가 되어버렸어

s# 아아, 마이크 테스트 둘

 마침내 세계 헤비급 복싱 3대 기구 WBC, WBA, IBF 통합 챔피언이 되었을 때
 마이크는 이렇게 말했다

 — 누구나 얻어맞기 전까지는 계획을 가지고 있지만, 맞게 되면 쥐처럼 공포에 떨고 얼어붙을 것이다

 돌아보면 내 삶이 꼭 그랬다

 나도 그럴싸한 계획을 가지고 있었다
 처맞기 전까지는

 마이크가 말한 대로였다

s# 아아, 마이크 테스트 셋

재기를 꿈꾸던 마이크는 이렇게 말했다

— 어딘가에 너보다 더 노력하고 있는 사람이 있을 것이다 그러니 네가 배고픈 것이다

아니다
개뿔이 없는 게 문제다
쥐뿔이 없는 게 문제다
노력으로 넘을 수 없는 벽이 문제다

동서고금
무전유죄 유전무죄라는 넘사벽이
언제나 문제였다

마이크가 이번에는 틀렸다

S# 아아, 다시 마이크 테스트 하나

 마이크를 둘러싼 추문은 셀 수 없이 많았지만 마이크가 사랑한 건 비둘기와 커스 다마토뿐이었다

 브라운스빌 뒷골목 양아치들이 마이크가 키우던 비둘기 목을 비틀어 죽였을 때, 마이크는 그 양아치들을 모조리 때려눕히고 소년원에 갔다

 소년원에서 나온 마이크가 될 대로 되라지 인생 뭐 있는데 하며 뒷골목을 배회하던 때, 커스 다마토가 그를 입양했고 사각의 링으로 이끌었다

 마이크는 주머니에서 구겨진 신문 쪼가리를 꺼내 펼쳐 읽는다

 한 소년이 재능의 불씨를 갖고 내게 왔다. 내가 그 불씨에 불을 지피자 불길이 일었고, 그 불길을 키우자 찬란한 불꽃이 되었다. — 커스 다마토

― 세계 최고의 핵주먹인 내가 핵이빨로 추락한 건 순전히 당신 때문이라고 커스, 당신은 그렇게 훌쩍 죽어버리면 안 되는 거였어

신문 쪼가리를 집어 던지면서 마이크는 다시 한 번 욕을 해댄다

― 넌 실패자야 넌 좆같은 돼지 새끼야

사는 게 뭐냐고 묻는다면
눈이 그쳤다고 얘기할 수밖에

거짓말처럼 쏟아붓던
삼월의 눈이 그쳤다
또 언제 벼락같이 눈을 퍼부을지 모르지만
눈이 그쳤다

겨울 내내 눈이 내린 것은 아니지만
사이사이 눈이 내리고 그치면서
사랑에 빠진 저이는 열병에 들끓고
버림받은 저이는 화병에 가슴을 두드리고
늙고 병든 저이는 죽지 못해 산다 하고
풍찬노숙 저이는 살아도 사는 게 아니라는데
삼월이 무에 대수간

사는 게 뭐냐고 묻는다면
눈이 그쳤다고 얘기할 수밖에 없다는
얼음새꽃이 본디 울음새꽃이라는
당신의 말은 어디까지가 농담이고
어디까지가 진담일까

어디선가 누군가에 무슨 일이 생기면 틀림없이 나타나는 춘배 옵빠를 위한 남녀 혼성 울트라 짬뽕 뽕짝 트로트

어디선가 누군가에 무슨 일이 생기면
짜짜짜짜 짜 짱~가 엄청난 기운이
틀림없이 나타나는 춘배 옵빠

춘배 옵빠 어릴 적에 소아마비를 앓았다네
춘배 옵빠 걸음을 잃고 청각도 잃었는데
누구도 옵빠의 울음을 본 적이 없다네
옵빠의 장애를 본 적이 없다네

무쇠팔 무쇠다리 로케트 주먹
춘배 옵빠는 날아라 수퍼맨이라네

짜라투스트라 오! 나의 짜라투스트라

춘배 옵빠가 오히려 나의 눈물을 닦아주네
옵빠의 그림은 소리 없는 저편의 세계에서 완성된 마법
옵빠의 그림이 당신의 울음과 소음을 치유해주네
당신의 아픔을 어루만지네

옵빠는 풍각쟁이야 무어~
옵빠는 심술쟁이야 무어~
악당들이 제 아무리 떠들어도 소용없다네

어디선가 누군가에 무슨 일이 생기면
짜짜짜짜 짜 짜~라, 삼발이 오토바이 짜라를 몰고
틀림없이 틀림없이 나타나는 춘배 옵빠

옵빠는 춘천의 짱가
우리의 영원한 울트라 수퍼맨이라네

정태순 씨

내 유년과 사춘기 때의 모든 비행과 죄를
낱낱이 알고 있는 부랄친구
용욱이 어무이가 부르셔서
수십 년 만에 처음 부르셔서
한걸음에 달려갔더니
저리 환하게 웃으며 반기시네
신혼 때 사진까지 보여주며
봐라 내 이리 예뻤다
평생 안 하던 신소리까지 하시네
어무이 큰절 받으이소
오야 오야
등을 쓰다듬어 주시네
그러고 보니 오늘에야 알았네
어무이 이름이 정태순이었네
저도 이제 대가리 컸으니
어무이 이름 함 불러볼라요
정태순 씨,
이제 여그 걱정일랑 마시고
안녕히 가이소

알았지예
나중에 게 가서 다시 인사드릴 테니까
그때까지 잘 계시소

장사익

길을 찾겠다고 인생의 반을 허비했잖유
이 길인가, 넘어져서는 어이쿠 내 길이 아니구나
저 길인가, 또 넘어져서는 이 길도 아니구나
넘어지고 깨지고 상처 입고
챙피하쥬
근디 그게 인생이에유
이 길 저 길 헤매다 내 길 하나 찾는 거
인생 반쯤이야 늦은 게 늦은 게 아니지유
날 봐유
노래라는 내 길을 찾았잖유
남은 생 얼마 안 남았다 해도
매일이 웃음이여
웃으면서 노래하잖유

1994년 11월 홍대 앞 소극장
이광수 사물놀이패 공연이 끝나고
뒤풀이 무대 위로 늙수그레한 사내가 올라왔다
조금 전까지 무대 한편에서
태평소를 불었던 그 사내였다

하~얀 꽃 찔레꽃, 순박~한 꽃 찔레꽃
노래인 듯 소리인 듯, 그것은 사태였다

장미꽃밭을 지나는데 향긋하니
분내가 나는 거유
이게 뭔 향기랴?
이렇게 보니까 글쎄
울긋불긋 장미들 틈에서 하얀 찔레가
잔뜩 웅크린 채 숨어 있지 뭐여유
그 작은 찔레가 울고 있던 거였슈
그걸 보고 무릎을 친 거유
내가 찔레였구나
내가 찔레꽃처럼 울고
찔레꽃처럼 노래했구나
그렇게 살아왔구나
지금도 생각하면 고맙지유
찔레꽃 덕분에 이렇게 밥을 먹고 있잖유

극장을 나가려다 말고

다시 자리에 앉은 관객들은
귀를 의심했다
별처럼 슬~픈 찔레꽃
달처럼 서러~운 찔레꽃
환호했고, 환장했다
그것은 사태였다

노래가 내 삶이구나
노래 없이 살으라고 하면, 죽는 게 낫겠구나
노래하는 장사익이는 꽃이었다가
노래하지 않는 장사익이는 눈물이었다가
그게 내 인생더라구유
내 공연 보고
내 노래 듣고
가슴 속에 작은 울음 하나 담아 갔으면
그게 다예유

 서풍부 한 대목을 들려달라고 하니 흔쾌히 북채를 잡으신다

꽃인 듯 눈물인 듯*
소리인 듯 노래인 듯
바람인 듯 바람에 흔들리는 댓잎인 듯

장사익이 간다 지나간다, 서러운 들판 가로질러 햇빛 속으로

야야 장사이기 크게 틀어봐라이
장사이기가 오늘은 내 서방이여**

장사익이 간다 지나간다, 농투산이 아낙들 가심이 다 붉어지도록

---

* 김춘수 「서풍부」 중에서
** 서안나 「동백아가씨」 중에서

수세미

장인어른 돌아가시고 얼마 후

남편과 자식들
지지고 볶느라
사십여 년 묵은 사연들
더께로 쌓인
이제는 너무 무거워진
신림동 집 팔고
숙자 씨, 차마 발길이 떨어지지 않아
걸음마다 뒤돌아보며
아파트로 이사 가던 날

장인어른 생전에
자식처럼 마당에 키웠던
감나무 모과나무 대추나무
그 사이로 매달린
마른 수세미 하나
대문 밖까지 쫓아 나와
훠얼 훨

손 흔들고 있었지

- 숙자 씨, 잘 살아야 해

아욱국

생의 고비
고비 때마다
다친 속을 풀어주었지
한 번도 실패한 적이 없는 점괘
명옥 씨의 뚝배기 아욱국

비가 내려서 비가 내리지 않아서
눈이 내려서 눈이 내리지 않아서
생이 욱신거릴 때마다
생각나는 명明 자 옥玉 자
울 엄니의 뚝배기 아욱국

나가는 詩

나의 시인들에게

일 년 내내 불인 세계가 있을까요
태양을 비롯한 우주의 항성들이 그런 별입니다

일 년 내내 얼음인 세계가 있을까요
최근 천문학자들이 태양계 바깥에서 얼음으로 이루어진 별을 두 개나 발견했다고 합니다
이 얼음별은 얼음으로 뒤덮여 있는데 뜨거운 빛을 내뿜고 있어서, 천문학자들은 과학적으로 설명할 방법을 찾지 못해 혼란을 겪고 있다고 합니다

과학자들은 결코 알 수 없을 겁니다
투명해서 가늠하기 어려운 툰드라의 평원과 빙하에 찬란한 얼음의 시를 새기는 일이 어찌 가능한지
우기와 건기가 반복되는 열대우림에 물과 불의 시를 새기는 일이 어찌 가능한지
끝끝내 알 수 없을 겁니다

그러나 현실은 늘 이성과 논리와 과학의 세계일 뿐이어서
일어날 수 있는 그저 그런 일들이 무한 반복되는
지루하기 짝이 없는 세계일 뿐이어서

얼음별 같은 혼돈을 살려내기에는
세상은 지독하게 이성적이고 지루하게 논리적이어서
이제 다시는 꿈꾸지 않으리라 생각했더랬습니다

남만 격렬족이라는 최선을 버렸으니
문장 수선공은 차선에 불과하다는 걸 모르지 않습니다

그래도 당신들이 있어서 다시 꿈을 꾸어봅니다
영원히 다다를 수 없다 해도
세상에서 가장 무모하고 무용한 꿈이라 해도
당신들과 함께라면 다시 꿈꿀 수 있겠다 싶습니다

발문

시인, 온 언어로 사랑을 추구하는 자
아름다운 그믐의 언어를 사용하는 자

박정대
시인

> 캄캄한 오슬로 숲이 크엉 크엉
> 오랑캐의 울음소리로 저물어가다가
> 달 하나를 낳으리라
> ─ 박제영

> 시란 세상의 모든 말을 타고 말갈기를 휘날리며
> 온 언어로 밀고 나가는 사랑의 추구이다
> ─ 오랑캐 이 강

*

아르튀르 행보가 이방의 동학교도였다면 시인 박제영은 동학의 접주였을 것이다. 이 시대에 다시 한 번 동학혁명이 일어난다면, 박제영은 시의 접주로 혁명에 가담했을 것이다. 말을 타고 달리며 감정의 무장 봉기를 했으리라.

대학교 때 「마야콥스키, 바람에 펄럭이는 내 영혼의 지도」라는 시를 쓴 적이 있다. 박제영의 시를 읽으며 나는 내내 러시아 혁명 시인 마야콥스키를 떠올렸다. 마야콥스키는 혁명에 필요한 선전 선동 문구를 하루에도 수십 개씩 만들어냈고, 결국은 그걸 자신의 시구로 바꿔버린 시인이다. 전혀 시적이지 않은 선전 선동 문구가 어떻게 시가 되는가? 그것은 마야콥스키가 '시인의 노동은 신성한 것'이라고 생각하며 선전 선동 문구를 만들었기 때문이다. 그러한 문구를 만들 때조차도 마야콥스키는 열정적인 언어 탐구자였으며 문장 수선공이었다. 일찍이 황지우 시인이 말했듯, "정해진 '시'란 없다. 다만 '시적詩的'인 상황을 포착하는 것, 표현해내는 것, 그것이 바로 '시'다."(하도 오래전에 읽은 것이라 정확한 워딩인지는 나도 모르겠다) 그러므로 시는 어디에도 없고 어디에나 있다. 언제나 부재하지만 부재함으로써 수시로 존재할 수 있는 것, 부재의 존재성이 빛나는 곳에 시는 가까스로, 분명하게 존재한다.

박제영의 시들을 읽으며 여러 가지 생각에 사로잡힌다. 그의 시들에는 숨길 수 없는 그의 성정이 고스란히 드러나 있기 때문이다. 감출수록 드러나고 드러낼수록 감춰지는, 이상하고 아름다운 시의 경지에 그는 당도해 있다. 감춤과 드러냄이 서로 길항하며 이룩하는 선명함이 시의 바탕을 이루었으니 그의 시는 이상하게 재밌고, 이상하게 아름답고, 이상하게 감동적이다.

시에 대한 상념으로 시를 쓰는 자들은 시에 매혹된 자들이다. 그런 의미에서 볼 때 박제영은 시에 미친 자, 시에 매혹된 자이다. 자신이 스스로 매혹된 시의 길을 감으로써 타자의 열망이 그의 시를 따라오게 한다. 진정한 시인이란 그런 자이다. 자신의 시에 매혹되지 않은 시인을 어찌 시인이라 부르랴.

쌀을 안치는 저 오래된 애인이
오늘 처음 만난 이국의 여자였으면 좋겠다
아무도 모르는 저 오랑캐 여자와
아무도 모르는 북쪽 오슬로 숲에서
모르는 북쪽 말과 남쪽 말이 서로를 더듬어
낙엽처럼 뒹굴다가 낙엽처럼 붉어져서
벌거벗은 몸 위에 이국의 언어를 필사하다가
통음과 통정으로 마침내 한통속이 되었으면 좋겠다
속으로 하무뭇하니 콧노래를 흥얼거리다가
쌀을 안치는 애인에게 한다는 말이
그런데 애인아, 오랑캐 여자는 어디로 갔을까

이상하지 화를 낼 줄 알았던
오래된 애인은 기꺼이 처음 만난 오랑캐가 되었으니
쌀이 밥이 되든 죽이 되든 무에 상관이랴
오늘 밤은 오랑캐의 말을 반드시 배우리라
캄캄한 오슬로 숲이 크엉 크엉
오랑캐의 울음소리로 저물어가다가
달 하나를 낳으리라
―「그믐」 전문

아름답지 않은가? 더 이상 무슨 설명이 필요하랴.

*

박제영은 예술의 고아이며 오랑캐이다. 아름다운 그믐의 언어를 사용하기 때문이다. "세상 모든 예술가의 국적은 프랑스다"라는 나폴레옹의 오지랖 넓고 우스꽝스런 말을 전제로 할 때 예술의 고아들은 모두 불란서 고아들인 셈인데, 박제영의 시는 프랑시스 퐁주와는 아주 거리가 멀고 앙리 미쇼와는 손잡을 듯 말 듯하다. 말라르메나 폴 발레리보다는 샤를 보들레르, 아르튀르 랭보, 르네 샤르에 가깝다. 상징적이고 문명 비판적이며 때로는 시라는 생생한 물성을 통해 현실을, 삶의 본질을 보여주기 때문이다. 박제영은 시의 바람을 타고 가랑잎처럼 굴러서 자신의 길을 간다. 낭만 격렬족 시인이기 때문이다. 아름다운 그믐의 언어가 무엇인지는 말하지 않겠다. 박제영의 시를 읽으며 독자들 스스로 '아름다운 그믐의 언어'에 당도하길 바랄 뿐이다. 아름다운 그믐의 언어로 쓰인 그의 시 두 편을 소개한다.

탱고에는 실수가 없어, 도나

사랑은 끝말잇기와 같아서
슬픔과 아픔 같은 울증의 감정은 물론
기쁨과 미쁨 같은 조증의 감정도 숨겨야 해
어설픈 코스튬을 흉내 내서도 안 되지
새벽녘이나 저물녘은 피아 구분이 어려우니
조심 또 조심하고
붉은 제라늄은 독초라는 것을 명심하고
라듐이나 이리듐 같은 맹독은 더더욱 피해야 하지

사랑은 끝말잇기와 같아서
필사적으로 피하려 해도 언젠가는
금기의 단어와 맞닥뜨리게 되는 것
주체할 수 없는 기쁨으로 차오르다가
어느새 슬픔으로 치다를 테니
파국을 피해 종횡을 누빈다 한들

마침내 픔과 쁨과 틈과 듦과 늚 그리고 녘이라는
외통수에 다다르는 것이니
그것이 사랑이라는 끝말잇기의 숙명이지

하지만 애인아
절망할 이유는 없어

사랑은 끝말잇기와 같아서
둘뿐 아니라 셋도 넷도 가능하니까
내일 또 누군가를 만나서
다시 시작하면 되니까

실수하고 스텝이 엉켜도 계속 추는 거야 그게 탱고야
─「사랑은 끝말잇기와 같아서」 전문

거짓말처럼 쏟아붓던
삼월의 눈이 그쳤다
또 언제 벼락같이 눈을 퍼부을지 모르지만
눈이 그쳤다

겨울 내내 눈이 내린 것은 아니지만
사이사이 눈이 내리고 그치면서
사랑에 빠진 저이는 열병에 들끓고
버림받은 저이는 화병에 가슴을 두드리고
늙고 병든 저이는 죽지 못해 산다 하고

풍찬노숙 저이는 살아도 사는 게 아니라는데
삼월이 무에 대수간

사는 게 뭐냐고 묻는다면
눈이 그쳤다고 얘기할 수밖에 없다는
얼음새꽃이 본디 울음새꽃이라는
당신의 말은 어디까지가 농담이고
어디까지가 진담일까
—「사는 게 뭐냐고 묻는다면 눈이 그쳤다고 얘기할 수밖에」 전문

*

아주 어두운 그믐밤 홀로 길을 걷는 자들이 있다. 나는 그들을 예술의 고아, 예술의 오랑캐라 부른다. 그들은 세상의 어둠을 자신의 온몸으로 받아들이고 스스로 어둠이 되어 아침 햇살 속으로 총총 흔적도 없이 사라진다. 세상이 여전히 밝고 아름답게 빛날 수 있는 건 바로 그들 때문이다.

박제영은 남만 격렬족 시인이다. 예술의 고아이며 예술의 오랑캐이다.

온 언어로 사랑을 추구하는 자.
아름다운 그믐의 언어를 사용하는 자.

엔딩 크레딧

아흔아홉의 천사들

아흔아홉 개의 가면 뒤에 숨어서
아흔아홉 개의 꼬리를 흔들었지
고독으로 생을 탕진했다고
고독으로 생을 탕진하겠다고

뻔한 거짓말인 줄 알면서도
부도난 어음인 줄 알면서도
기꺼이 속아준
아흔아홉의 천사들을 여기에 남긴다

이들은 어리석은 게 아니라
다만 시를 긍휼히 여긴 시민詩民들이다

　강건늘 강기원 강미정 강성애 강영은 강기원 고영숙 고은수 고창남 고철 권상진 권선희 권애숙 권주열 권혜경

금기조 금시아 김결 김겸 김경성 김금용 김동욱 김미량 김밝은 김선순 김선우 김성호 김소영 김수예 김순실 김영은 김영희 김윤배 김윤삼 김은숙 김인자 김정아 김재옥 김재우 김종수 김진솔 김풍기 김학록 김형기 김혜련 김혜식 나석중 노미영 류경희 류미야 류정운 민왕기 박병규 박성용 박성환 박소원 박수현 박숙경 박영식 박은수 박은우 박현주 박희승 배점숙 서성권 서성채 서정임 성시하 손경식 송문희 송진호 신미균 신승철 신정민 신현태 심삼섭 심종록 안채영 양선희 엄계옥 엄세원 엄의현 연명지 오민석 우소영 원영만 원태경 유기택 유명희 윤석홍 이경아 이권 이나래 이부섭 이석종 이선정 이수환 이순남 이슬안 이승희 이영탁 이영호 이용욱 이운진 이은란 이은주 이제숙 이주현 이철호 이충만 이혜선 인준교 임용진 전부다 정두철 정우연 정원선 정정순 정주연 정충화 정두철 정클잎 정현우 정호명 조성립 조유현 조은옥 조재도 조항록 조현정 주인철 채승수 최광임 최대식 최미경 최병호 최정란 최진호 최현서 한명희 한승태 한인숙 한정우 함순례 함진원 허림 홍대춘 홍연집 홍재성 황용순 황혜란

복을 지었으니 그대들에게 복 있으라
대대손손 복 있으라

The End

달아실에서 펴낸 박제영의 시집

『안녕, 오타 벵가』(2021)
『시집 밖의 시인들은 얼마나 시답잖은지』(2024)

달아실시선 99

아흔아홉 개의 달과 아흔아홉 번의 겨울

1판 1쇄 발행	2025년 10월 10일
지은이	박제영
발행인	윤미소
발행처	(주)달아실출판사
책임편집	박제영
기획위원	박정대, 이홍섭, 전윤호
편집위원	김선순, 이나래
디자인	전부다
법률자문	김용진, 이종진
주소	강원도 춘천시 춘천로 257, 2층
전화	033-241-7661
팩스	033-241-7662
이메일	dalasilmoongo@naver.com
출판등록	2016년 12월 30일 제494호

ⓒ 박제영, 2025
ISBN 979-11-7207-072-4 03810

이 책의 일부 또는 전부를 재사용하려면 반드시 저작권자와 (주)달아실출판사 양측의 동의를 얻어야 합니다.

* 잘못된 책은 구입한 곳에서 바꿔드립니다.
* 책값은 뒤표지에 표시되어 있습니다.